La diversità è il nostro superpotere

Adrian Laurent

Questo libro appartiene a:

Oliver si sentiva triste e preoccupato. Oggi il suo amico Tim aveva organizzato una festa di compleanno nel parco e lui era stato invitato. Oliver era emozionato ma anche preoccupato. Oliver era un bambino timido e molto sensibile. La folla di persone e il rumore gli toglievano energia e, a volte, lo rendevano preoccupato. Ma Oliver voleva vedere il suo amico. Era deciso a farsi coraggio e ad andare alla festa.

Oliver e suo padre arrivarono alla festa. C'erano molti bambini che correvano e gridavano. Sembrava divertente, ma Oliver si sentiva timido e teneva la mano di papà.

"Puoi giocare se vuoi, non appena ti sentirai pronto". Disse il papà di Oliver. Oliver giocò con il cucciolo di Tim, Fumo, e ci volle un po' di tempo per mettersi a proprio agio".

I giochi della festa iniziarono con la corsa dei sacchi. Oliver si sentiva ancora timido e si prese un po' di tempo per guardare. All'improvviso, Eva, la sorella di Tim, corse dalla mamma con le lacrime agli occhi.

"Fumo è scappato", gridò.

"Dobbiamo ritrovarlo", disse la mamma di Tim.

Tutti cercarono Fumo. Anche Oliver diede una mano. Spesso, quando c'era qualcosa di importante da fare, era coraggioso e lo faceva comunque, anche se si sentiva timido o preoccupato.

Hanno cercato per tutto il pomeriggio, finché il sole non tramontò. "Non troveremo mai Fumo", disse Tim piangendo. Oliver abbracciò Tim. Spesso voleva aiutare le persone preoccupate o tristi.

Poi Oliver sentì un suono:
"Aspetta! Cos'è quello?", disse Oliver.
Tutti ascoltarono con attenzione. Sembrava che qualcuno stesse piangendo. O forse era il pianto di un cane. Era Fumo? Corsero tutti verso quel suono.

I lamenti si fecero sempre più forti. Si imbatterono in un cantiere ai margini del parco. Infine, lo videro! Fumo era in una buca profonda. Fumo li vide ed abbaiò di gioia, scodinzolando furiosamente.

"Non preoccuparti, Fumo" disse Tim. "Ti tireremo fuori da lì", aggiunse.

Ma come avrebbero salvato Fumo?

"Tenetemi per le gambe. Scenderò io", disse Tim. Oliver e Luna tennero le caviglie di Tim mentre lui si infilava nel buco. Tim si allungò e si sforzò. "Non va bene" – disse Tim – "non riesco a raggiungerlo. Abbiamo bisogno di un altro piano".

Poi, Oliver trovò una tavola di legno.
"Possiamo fare una rampa per far salire Fumo",
disse.
Calarono la tavola nella buca, ma era così
ripida che Fumo non riuscì a risalire.
"Non salveremo mai Fumo!", disse Tim
disperato.

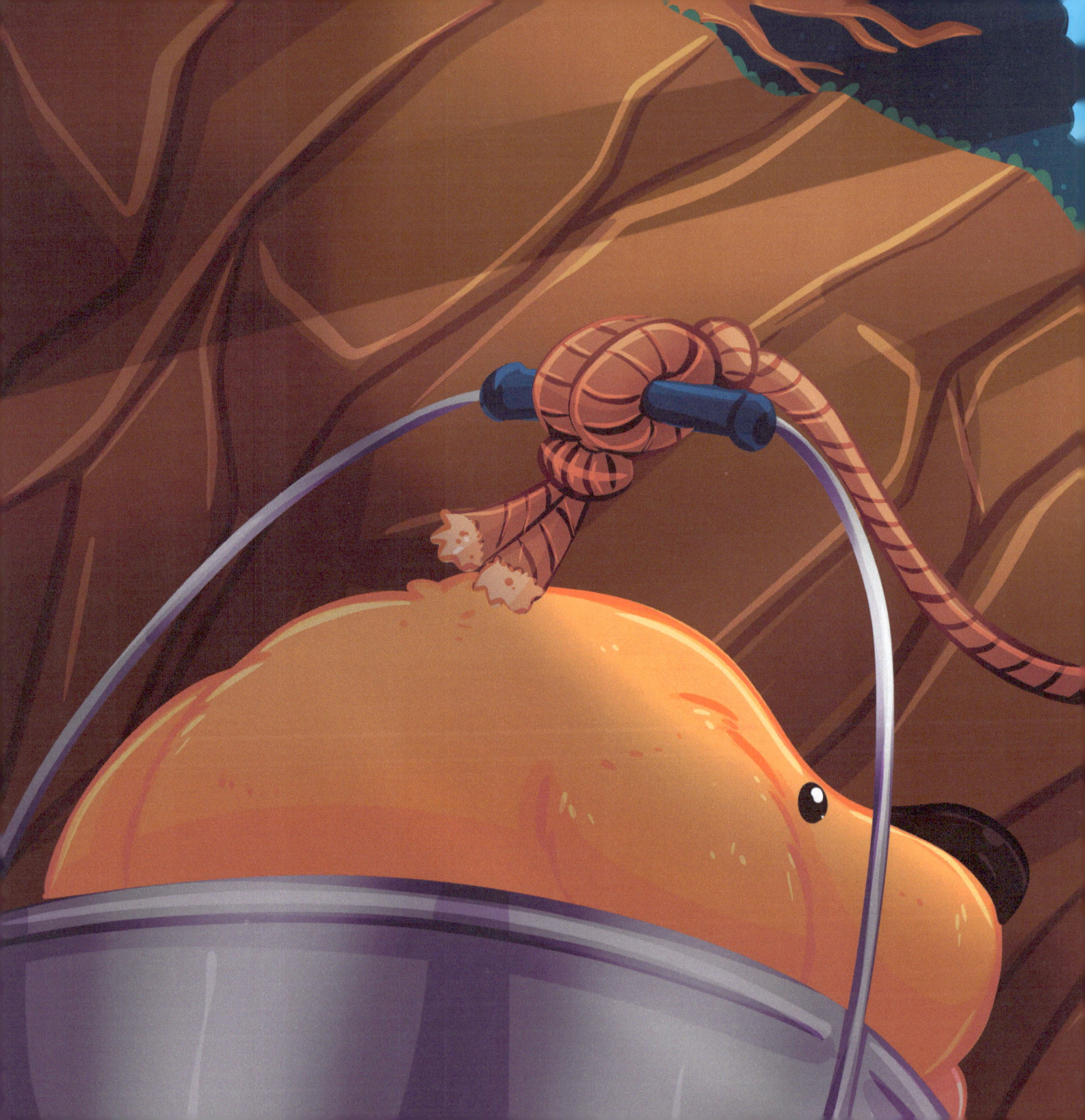

"Ho un'idea!", disse Luna.
Luna aveva un sacco di idee geniali. Sebbene le cadesse spesso qualcosa e trovasse difficile fare sport, Luna pensava spesso a modi creativi per risolvere i problemi. Legò la corda al manico di un secchio e la calò nella buca.
Fumo salì nel secchio e abbaiò felicemente.
"Ho bisogno del tuo aiuto per tirarlo su", disse Luna.
Si unirono e sollevarono Fumo dalla buca.
"Ce l'abbiamo fatta!", esultarono.

Arrivarono i genitori di Tim e gli altri bambini.

"Fumo! L'hai trovato!", esclamarono.

"Oliver ha sentito Fumo lamentarsi. È bravissimo ad ascoltare", disse Tim. "Poi Luna ha pensato di usare un secchio. È bravissima risolvere i problemi".

"Che bella squadra che siete!", disse la mamma di Tim.

Construction

Siamo tutti diversi. Siamo bravi in cose diverse. Troviamo difficoltà diverse. Come squadra siamo più forti. Lavorare insieme fa della diversità il nostro superpotere.

Oliver era contento di essere venuto alla festa di compleanno. Era bello far parte della squadra di salvataggio Fumo con i suoi amici, ma si sentiva stanco e non vedeva l'ora di trascorrere un po' di tempo tranquillo per ricaricare le batterie.

Il giorno dopo, a scuola, era entusiasta di raccontare a tutti il loro audace salvataggio. Di solito non gli piaceva parlare di fronte alle persone, ma quando la storia lo entusiasmava, non gli dispiaceva più di tanto.

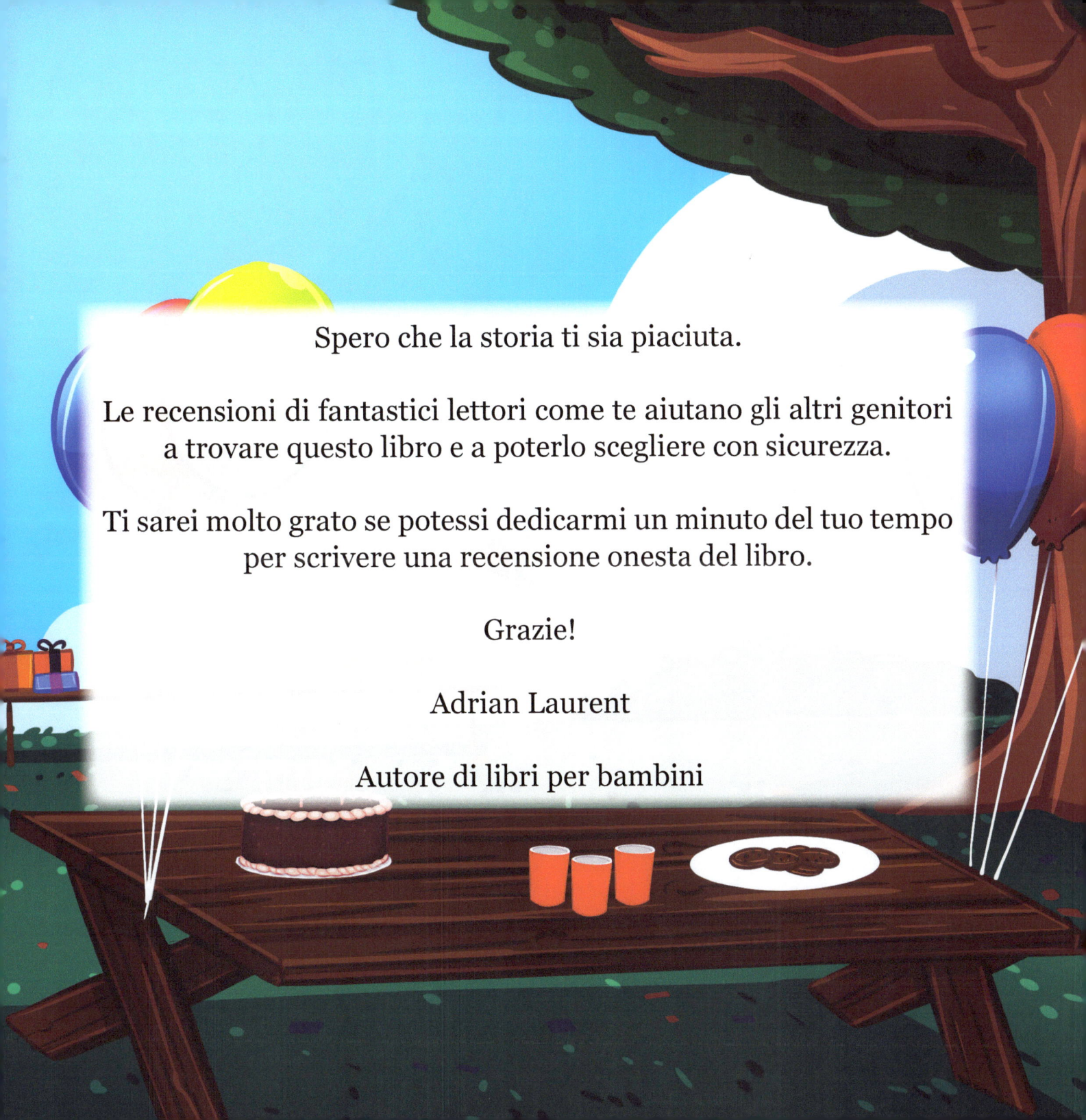

Spero che la storia ti sia piaciuta.

Le recensioni di fantastici lettori come te aiutano gli altri genitori a trovare questo libro e a poterlo scegliere con sicurezza.

Ti sarei molto grato se potessi dedicarmi un minuto del tuo tempo per scrivere una recensione onesta del libro.

Grazie!

Adrian Laurent

Autore di libri per bambini

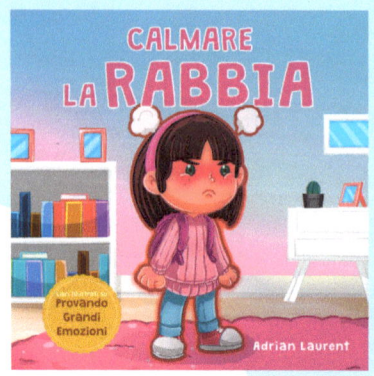

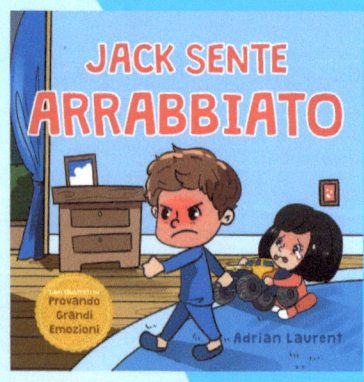

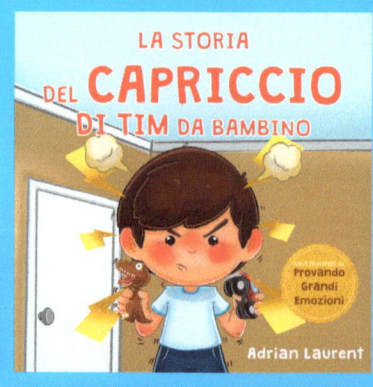

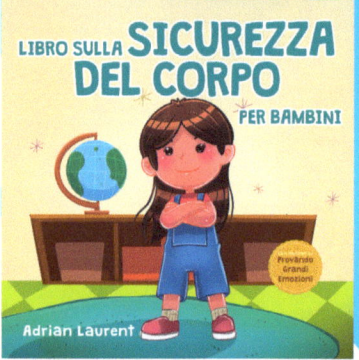

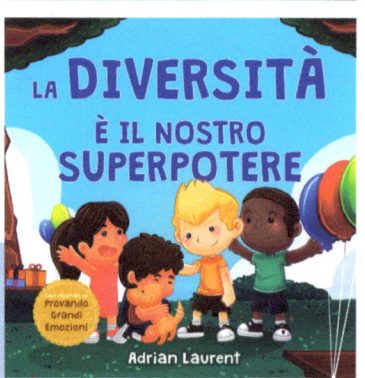

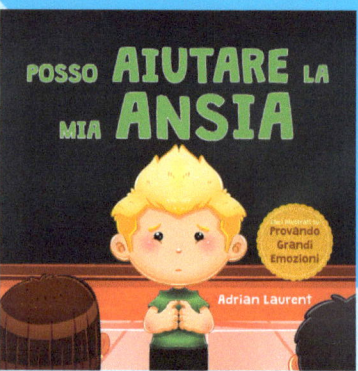

Collezionali tutti